DESIGN

apartments and lofts • departamentos y lofts
appartements et lofts • appartements und lofts

authors
fernando de haro & omar fuentes

editorial design & production

project managers
carlos herver díaz
ana teresa vázquez de la mora
laura mijares castellá

coordination
emily keime lópez
verónica velasco joos
dulce rodríguez flores

prepress coordination
josé luis de la rosa meléndez

copywriter
abraham orozco

english translation
alejandra uhthoff

french translation
angloamericano de cuernavaca; carmen chalamanch tarragona y marta pou madinaveitia

german translation
angloamericano de cuernavaca; sabine klein

design • inside

apartments and lofts • departamentos y lofts • appartements et lofts • appartements und lofts

© 2012, fernando de haro & omar fuentes
AM Editores S.A. de C.V.
paseo de tamarindos 400 b, suite 102, col. bosques de las lomas, c.p. 05120, méxico d.f.
tel. & fax 52(55)5258 0279
ame@ameditores.com **www.ameditores.com**

ISBN 978-607-437-203-8
All rights reserved. No part of this book may be reproduced or copied in any form or by any graphic, electronic or mechanical means, including scanning, photocopying, photographing, taping, or information storage and retrieval systems -known or unknown-, without the explicit written permission of the publisher(s).
Ninguna parte de este libro puede ser reproducida, archivada o transmitida en forma alguna o mediante algún sistema, ya sea electrónico, mecánico o de fotorreproducción sin la previa autorización de los editores.
Tous droits réservés. Reproduction, copie et diffusion intégrale ou partielle interdites sous toutes formes et par tous moyens sans le consentement de l'éditeur.
Keine teilen von diesem Buch, kann in irgendeiner Form oder mittels irgendeines Systems reproduziert, übersandt oder abheftet werden, weder elektronisch, mechanisch, oder fotokopierte ohne die vorausgehende Genehmigung der Redakteure.

printed in china.

index

índice

introduction

introducción • introduction • einleitung

introduction

Apartment buildings are becoming more attractive, either for its architectural design or its easy access in the urban environment, the closeness with business and commercial landmarks or, on the contrary, for being in residential neighborhoods surrounded by green areas and many other equally valid reasons.

Years ago, this was a resource to solve growing needs for space in the constant-growing metropolis, now, it has become a new concept where interior design makes it possible to feature all the functional advantages of a large residence, in a space with a different architecural concept, but also very comfortable and beautiful.

Similarly, in recent years, a new style of residence has emerged, young and revolutionary, originally born from the changes caused by urban growth and the displacement of the industrial areas to the conurbations of metropolitan areas. This kind of new housing is known as loft. Until recently, the term designated as loft was an open and airy space in industrial buildings and disused warehouses which, through proper design and architectural work, has become a new type of apartment. Currently, the concept applies to a large extent of rehabilitated spaces, which retains its industrial feel, but has been designed for domestic purposes.

It is not only a product of architectural work, it is also a new way of life that has been gaining fame and has attracted interest from a new type of tenants who finds in their concept a new lifestyle which can be combined, with many advantages, the dwelling place and a working space.

New trends choose functional elements that transform this type of habitat in practical spaces with a rational distribution. The variety of materials involved in shaping this new kind of housing is endless, and that is where the architect and interior designer can create changing atmospheres under different aesthetic or functional angles.

introducción

Los edificios de departamentos son cada día más atractivos desde muchos puntos de vista, ya sea por su diseño arquitectónico, por su fácil acceso en el entorno citadino, por su cercanía con zonas comerciales o de negocios, o al contrario por hallarse en rumbos tranquilos de la ciudad, rodeado de áreas verdes en barrios residenciales y por muchas otras razones igualmente válidas. Lo que hace algunos años se consideraba como un recurso para resolver crecientes necesidades de habitación en las metrópolis en constante crecimiento, se convirtió en un gusto por un nuevo concepto en el que, hoy en día, el diseño de interiores hace posible disfrutar de todas las ventajas funcionales de una gran residencia, en un espacio resuelto con una idea arquitectónica a veces totalmente diferente, pero también muy confortable y bella.

Del mismo modo, en los últimos años ha cobrado vigencia un tipo de vivienda, joven y revolucionaria, cuyos orígenes pueden atribuirse a los cambios producidos por el crecimiento urbano y el desplazamiento de las zonas industriales hacia las conurbaciones de las zonas metropolitanas. Este tipo de vivienda se conoce como loft. Hasta hace poco tiempo, con el término loft se designaba un espacio abierto y diáfano en edificios industriales y almacenes en desuso que, mediante una adecuada intervención arquitectónica y de diseño se han convertido en un nuevo tipo de departamento. Actualmente, el concepto se aplica a un espacio rehabilitado de gran extensión, que conserva su aire industrial, pero que ha sido destinado a usos domésticos.

No es nada más producto de una intervención arquitectónica, también es un nuevo estilo de vida que ha ido ganando fama y ha despertado el interés de un nuevo tipo de inquilinos que encuentran en su concepto un nuevo estilo de vida en el que se puede combinar, con muchas ventajas, el sitio donde habitar y el espacio donde trabajar.

Los nuevos caminos apuestan por elementos funcionales que conviertan este tipo de hábitat en espacios prácticos, con una distribución racional, la variedad de materiales que intervienen para conformar este nuevo tipo de vivienda es infinita y es ahí donde el arquitecto y el interiorista pueden crear atmósferas cambiantes, bajo distintos prismas estéticos o funcionales.

introduction

Les immeubles à appartements sont de plus en plus attrayants depuis nombreux points de vue, soit par leur design architectonique ou leur facilité d'accès dans un milieu citadin, leur proximité aux zones commerciales et d'affaires, ou, au contraire, parce qu'ils sont dans des milieux tranquilles de la ville, entourés d'espaces verts dans des quartiers résidentiels, et pour beaucoup d'autres raisons également valables.

Ce qui, il y a quelques années, était considéré comme un recours pour résoudre le besoin croissant d'habitation dans les métropoles qui ne cessaient de grandir, s'est transformé en un goût pour un nouveau concept où, de nos jours, le design d'intérieurs a créé la possibilité de jouir de tous les avantages fonctionnels d'une grande résidence, dans un espace créé avec une idée architectonique parfois totalement différente, mais très confortable et belle aussi.

De la même façon, les dernières années ont vu l'essor d'un certain type d'habitation, jeune et révolutionnaire, dont les origines peuvent être attribuées aux changements produits par l'accroissement urbain ainsi que le déplacement des zones industrielles vers les conurbations des zones métropolitaines. Ce type d'habitation est appelé loft. Il y a très peu de temps, le terme loft désignait un espace ouvert et dégagé dans les constructions industrielles et les dépôts abandonnés qui, moyennant une intervention architecturale et de design appropriée, ont été convertis en un nouveau type d'appartement. Actuellement, ce concept est appliqué à un espace réhabilité de grandes dimensions, qui conserve son aspect industriel, mais a été destiné à un usage domestique. Ce n'est pas seulement le produit d'une intervention architecturale, mais aussi un nouveau style de vie qui est devenu de plus en plus populaire et qui a éveillé l'intérêt d'un nouveau type de locataire qui trouve dans ce concept un style de vie où l'on peut combiner, avec de nombreux avantages, un lieu d'habitation et un espace de travail.

Les nouvelles voies misent sur les éléments fonctionnels qui convertissent ce type d'habitat en espaces pratiques, avec une distribution rationnelle ; la variété des matériaux intervenant pour transformer ce nouveau type d'habitation est infinie, et c'est ainsi que l'architecte et le spécialiste en design d'intérieur peuvent créer des atmosphères changeantes, sous différents prismes esthétiques ou fonctionnels.

einleitung

Appartementhäuser werden in vielerlei Hinsicht immer attraktiver, sei es durchihre Architektur, durch ihre Erreichbarkeit im städtischen Umfeld, durch ihre Nähe zu Geschäften, dem Arbeitsplatz und Vergnügungen, oder im Gegenteil durch ihre Lage in ruhigen Teilen der Stadt, umgeben von Grün in reinen Wohnvierteln und aus vielen anderen gleich wichtigen Gründen mehr.

Was vor einigen Jahren noch als reines Mittel gesehen wurde, den steigenden Bedarf nach Wohnraum in den ständig wachsenden Metropolen zu befriedigen, hat sich in ein neues Konzept verwandelt, in dem es das Innendesign möglich macht, all die funktionellen Vorteile eines grossen Wohnraumes in einer Umgebung zu geniessen, in der alle Bereiche durchdacht sind, manchmal mit einer ungewöhnlicher Architektur, aber gleichwohl behaglich und schön.

Gleichzeitig hat sich in den letzten Jahren ein anderer Wohnstil immer mehr durchgesetzt, jung und revolutionär, dessen Wurzeln in den Veränderungen liegen, die durch das Wachstum der Städte und die Verdrängung der Industrie in die Randbezirke, verursacht wurden. Diese Art Wohnung wird Loft genannt. Bis vor kurzem noch wurde als Loft eine offener, nicht in Räume unterteilte Halle in nicht mehr genutzten Industriegebäuden oder Lagerhäusern bezeichnet, die durch angemessene architektonische Eingriffe und Innendesign in eine neue Art Appartement verwandelt wurden. Heute verwendet man den Begriff für grossräumige Bereiche, die einen industriellen Hauch bewahren, aber zum Wohnen gedacht sind.

Dabei handelt es sich nicht nur um einen architektonischen Eingriff, sondern um einen neuen Lebensstil, der an Bekanntheit gewinnt und das Interesse eines neuen Typs Bewohner geweckt hat, der in diesem Konzept einen neuen Lebensstil findet, in dem man, mit seinen vielen Vorteilen, den Wohnraum mit dem Arbeitsplatz kombinieren kann.

Dieser neue Weg setzt auf funktionelle Elemente, die diese Art Wohnraum in praktische Bereiche mit einer zweckmässigen Aufteilung verwandeln, die Auswahl an Materialien, die für diese Art Wohnung genutzt werden kann, ist unbegrenzt und dort kann der Architekt oder der Innendesigner eingreifen, um, unter unterschiedlichen ästhetischen oder funktionellen Gesichtspunkten, verschiedene Atmosphären zu schaffen.

BRAM BOGART
COOK BOOK
EUROPE'S LUXURY LIST

functional

funcional • fonctionnel • funktional

NEUTRAL TONES ON FLOORS, WALLS AND CEILINGS AS WELL AS TRANSLUCENT ELEMENTS, ALLOWS HIGHLIGHTING FUNCTIONAL AND CONTEMPORARY FURNITURE.

LOS TONOS NEUTROS DE PISOS, MUROS Y PLAFONES, ASÍ COMO LOS ELEMENTOS TRANSLÚCIDOS, PERMITEN QUE DESTAQUE EL TIPO DE MOBILIARIO, FUNCIONAL Y DE CORTE CONTEMPORÁNEO.

LES TONS NEUTRES DES PLANCHERS, LES MURS ET LES PLAFONDS, AINSI QUE LES ÉLÉMENTS TRANSLUCIDES, FONT RESSORTIR LE TYPE DE MOBILIER, FONCTIONNEL ET DE STYLE CONTEMPORAIN.

DIE NEUTRALEN TÖNE DER BÖDEN, WÄNDE UND PLAFONDS, SOWIE DIE LICHTDURCHLÄSSIGEN ELEMENTE, LASSEN DIE FUNKTIONELLEN UND ZEITGENÖSSISCHEN MÖBEL ZUR GELTUNG KOMMEN.

DREAM

LOVE

GRAY BRINGS A NICE CONTRAST TO SIMPLE AND COZY CONTEMPORARY PROJECTS, WITH INTIMATE AND WARM SPACES.

EL GRIS APORTA UN GRATO CONTRASTE A LOS PROYECTOS SOBRIOS Y ACOGEDORES DE ESTILO CONTEMPORÁNEO, CON ESPACIOS ÍNTIMOS DE MUCHA CALIDEZ.

LE GRIS AJOUTE UN CONTRASTE AGRÉABLE AUX PROJETS SOBRES ET ACCUEILLANTS DE STYLE CONTEMPORAIN, AVEC DES ESPACES INTIMES ET CHALEUREUX.

DAS GRAU SCHAFFT EINEN ANGENEHMEN KONTRAST ZU DEN SCHMUCKLOSEN UND EINLADENDEN ELEMENTEN IM ZEITGENÖSSISCHEN STIL, IN INTIMEN BEREICHEN, DIE VIEL WÄRME AUSSTRAHLEN.

FUNCTIONAL AREAS REQUIRE VERY FEW ADDITIONAL ELEMENTS; WHITE TONES AND NATURAL LIGHT ARE ENOUGH TO CREATE FRESH AND RELAXING ROOMS.

LOS ESPACIOS FUNCIONALES REQUIEREN MUY POCOS ELEMENTOS ADICIONALES, EL COLOR BLANCO Y LA LUZ NATURAL BASTAN PARA CREAR HABITACIONES FRESCAS Y RELAJADAS.

LES ESPACES FONCTIONNELS EXIGENT TRÈS PEU D'ÉLÉMENTS ADDITIONELS, LA COULEUR BLANCHE ET LA LUMIÈRE NATURELLE ÉTANT SUFFISANTES POUR CRÉER DES PIÈCES FRAÎCHES ET DÉCONTRACTÉES.

DIE FUNKTIONELLEN BEREICHE BENÖTIGEN NUR WENIGE ZUSÄTZLICHE ELEMENTE, DIE WEISSE FARBE UND DAS NATÜRLICHE LICHT SIND AUSREICHEND, UM FRISCHE UND ENTSPANNTE RÄUME

DARK WOOD FURNITURE AND WINDOW FRAMES, WORK AS BALANCING ELEMENTS IN THE STYLE OF THE BATHROOM AND THE BEDROOM.

LAS MADERAS OSCURAS EN LOS MUEBLES Y LOS MARCOS DE LAS VENTANAS, ACTÚAN COMO UN ELEMENTO DE EQUILIBRIO EN EL ESTILO DEL BAÑO Y EL DORMITORIO.

LES BOIS OBSCURS DES MEUBLES ET DES CADRES DES FENÊTRES JOUENT COMME UN ÉLÉMENT D'ÉQUILIBRE DANS LE STYLE DE LA SALLE DE BAIN ET LA CHAMBRE.

DAS DUNKLE HOLZ DER MÖBEL UND DER FENSTERRAHMEN WIRKEN ALS GLEICHGEWICHT SCHAFFENDES ELEMENT IM STIL DES BADES UND DES SCHLAFZIMMERS.

plus
250°C plus

TO DO

THE LIGHT THAT ENTERS THROUGH THE WINDOWS IS A THREAD THAT PLAYS WITH MATERIALS THROUGHOUT THE DAY AND CREATES CHANGING TEXTURES.

LA LUZ QUE INGRESA POR LA VENTANAS, ES UN HILO CONDUCTOR QUE JUEGA CON LOS MATERIALES A LO LARGO DEL DÍA Y CREA TEXTURAS CAMBIANTES.

LA LUMIÈRE QUI PÉNÈTRE À TRAVERS LES FENÊTRES EST UN FIL CONDUCTEUR QUI JOUE AVEC LES MATÉRIAUX PENDANT LA JOURNÉE ET CRÉE DES TEXTURES CHANGEANTES.

DAS DURCH DIE FENSTER EINFALLENDE LICHT IST EIN LEITFADEN, DER IM VERLAUF DES TAGES MIT DEN MATERIALIEN SPIELT UND UNTERSCHIEDLICHE TEXTUREN ENTSTEHEN LÄSST.

A CLEAR SPACE, LIKE A THEATRICAL STAGE, HELPS TO HIGHLIGHT MOST OF THE COMPONENTS INVOLVED IN THE COMPOSITION.

LA CLARIDAD DEL ESPACIO, COMO SI FUERA UN ESCENARIO TEATRAL, HACE QUE LA MAYORÍA DE LOS ELEMENTOS QUE INTERVIENEN EN LA COMPOSICIÓN SE CONVIERTAN EN PROTAGONISTAS.

LA CLARTÉ DE L'ESPACE, TEL QU'UNE SCÈNE DE THÉÂTRE, FAIT QUE LA MAJORITÉ DES ÉLÉMENTS QUI INTERVIENNENT DANS LA COMPOSITION DEVIENNENT PROTAGONISTES.

DIE HELLIGKEIT DES RAUMES, ALS SEI ES EINE THEATERBÜHNE, LÄSST DIE MEISTEN DER VERWENDETEN ELEMENTE ZU HAUPTDARSTELLERN WERDEN.

THE ROOMS' ATMOSPHERE IS VERY PRACTICAL AND SUPPORTS THE COMBINATION OF MATERIALS SUCH AS WOOD, CERAMICS, MARBLE AND GLASS, WITH SIMPLE FURNITURE AND ACCESSORIES.

EL AMBIENTE DE LAS HABITACIONES ES MUY PRÁCTICO Y ABOGA POR LA COMBINACIÓN DE MATERIALES COMO LA MADERA, LA CERÁMICA, EL MÁRMOL Y EL CRISTAL, CON MUEBLES Y COMPLEMENTOS MUY SIMPLES.

L'AMBIANCE DES PIÈCES EST TRÈS PRATIQUE ET RECOMMANDE LA COMBINAISON DE MATÉRIAUX TELS QUE LE BOIS, LA CÉRAMIQUE, LE MARBRE ET LE VERRE, AVEC DES MEUBLES ET DES ACCESSOIRES TRÈS SIMPLES.

DAS AMBIENTE DER RÄUME IST SEHR PRAKTISCH UND PLÄDIERT FÜR DIE KOMBINATION VON MATERIALIEN WIE HOLZ, KERAMIK, MARMOR UND KRISTALL, MIT SEHR SCHLICHTEN MÖBELN UND ACCESSOIRES.

IN FUNTIONAL APARTMENTS, EACH ROOM, CAN PLAY TWO OR MORE ROLES AT THE SAME TIME WITHOUT LOSING ITS PERSONALITY.

EN LOS DEPARTAMENTOS FUNCIONALES CADA HABITACIÓN PUEDE DESEMPEÑAR DOS O MÁS FUNCIONES AL MISMO TIEMPO SIN PERDER LA PERSONALIDAD DEL AMBIENTE.

DANS LES APPARTEMENTS FONCTIONNELS, CHAQUE PIÈCE PEUT REMPLIR DEUX FONCTIONS OU PLUS EN MÊME TEMPS, SANS QUE LA PERSONNALITÉ DE L'AMBIANCE SE PERDE.

IN FUNKTIONELLEN APPARTEMENTS KANN EIN RAUM ZWEI ODER MEHR FUNKTIONEN GLEICHZEITIG ERFÜLLEN, OHNE DASS DAS AMBIENTE AN PERSÖNLICHKEIT VERLIERT.

CHOOSING NEUTRAL TONES IN THE ELEMENTS INVOLVED IN THE COMPOSITION HELPS CREATE A RELAXED ATMOSPHERE.

PARA CREAR UNA ATMÓSFERA RELAJADA ES MEJOR OPTAR POR LOS TONOS NEUTROS EN LOS ELEMENTOS QUE INTERVIENEN EN LA COMPOSICIÓN.

POUR CRÉER UNE ATMOSPHÈRE DÉCONTRACTÉE, IL VAUT MIEUX CHOISIR DES TONS NEUTRES POUR LES ÉLÉMENTS QUI INTERVIENNENT DANS LA COMPOSITION.

UM EINE ENTSPANNTE ATMOSPHÄRE ZU SCHAFFEN IST ES AM BESTEN SICH FÜR NEUTRALE TÖNE BEI DEN ELEMENTEN ZU ENTSCHEIDEN, DIE DIE GESAMTKOMPOSITION AUSMACHEN

elegant

APARTMENTS SEARCHING ELEGANCE AS A LIFESTYLE, EMPHASIZE MANY DETAILS, ARCHITECTURAL OR DECORATIVE TO RECREATE THE BEAUTY OF THEIR SOLUTIONS.

LOS DEPARTAMENTOS QUE BUSCAN LA ELEGANCIA COMO UN ESTILO DE VIDA, ENFATIZAN LA ATENCIÓN EN NUMEROSOS DETALLES, ARQUITECTÓNICOS O DECORATIVOS PARA RECREAR LA BELLEZA DE SUS SOLUCIONES.

LES APPARTEMENTS QUI RECHERCHENT L'ÉLÉGANCE COMME STYLE DE VIE SOULIGNENT LES NOMBREUX DÉTAILS, SOIT ARCHITECTONIQUES OU DÉCORATIFS, POUR CRÉER LA BEAUTÉ DE LEURS SOLUTIONS.

APPARTEMENTS, DIE ELEGANZ ALS LEBENSSTIL SUCHEN, LENKEN DIE AUFMERKSAMKEIT AUF UNZÄHLIGE DETAILS, IN DER ARCHITEKTUR ODER IN DER DEKORATION, UM DIE SCHÖNHEIT DER GEFUNDENEN LÖSUNGEN ZU BETONEN.

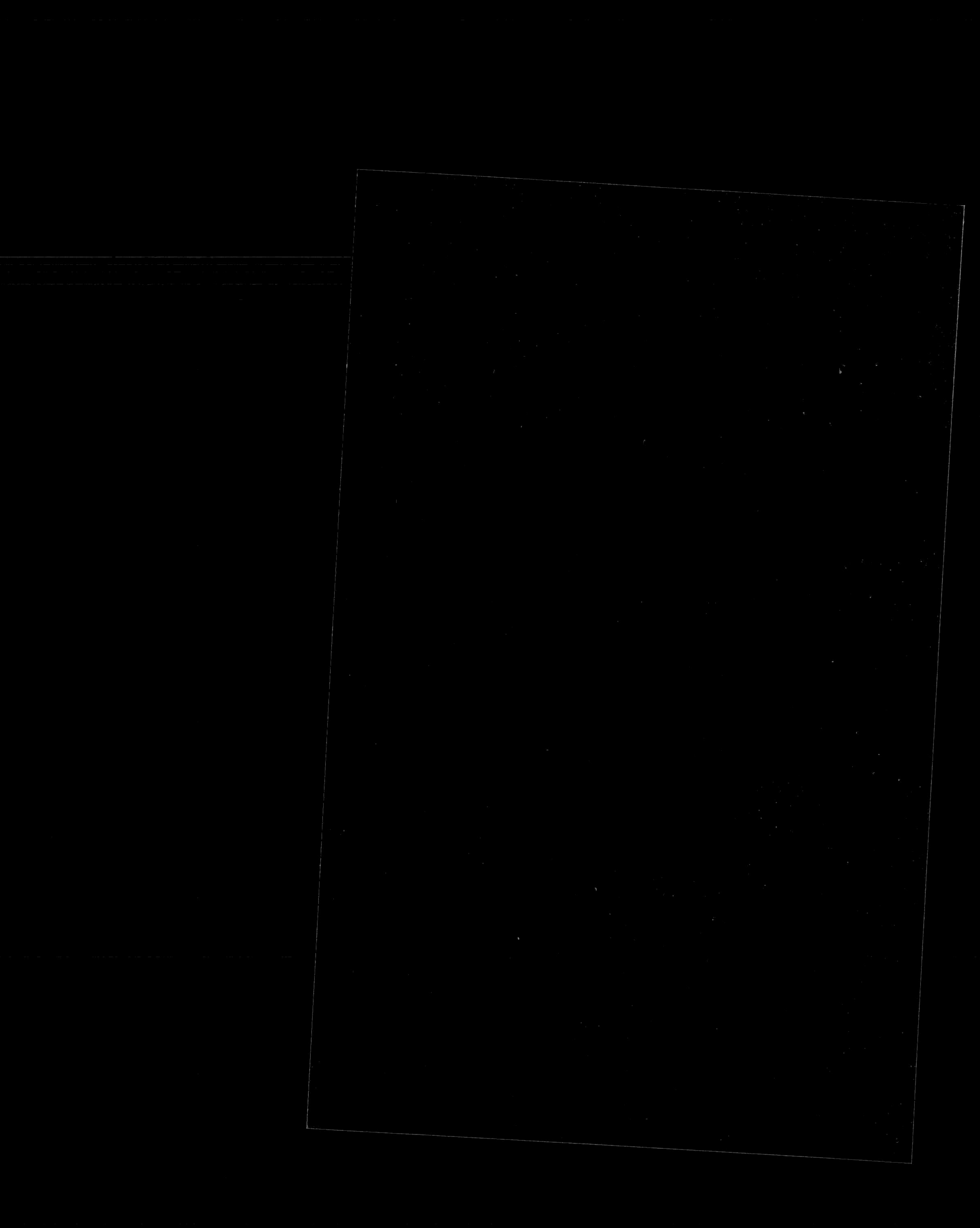

THE STRUCTURAL ELEMENTS OF A BUILDING SHOULD BE LINKED WITH THE FUNCTIONALITY AND AESTHETICS OF THE SPACE, KEEPING PROPORTION AND BALANCE AS A PRIORITY.

LOS ELEMENTOS ESTRUCTURALES DE UNA EDIFICACIÓN DEBEN ESTAR VINCULADOS CON LA FUNCIONALIDAD Y LA ESTÉTICA DEL ESPACIO, GUARDANDO PROPORCIÓN Y EQUILIBRIO COMO PRIORIDAD.

LES ÉLÉMENTS STRUCTURAUX D'UNE ÉDIFICATION DOIVENT ÊTRE LIÉS À LA FONCTIONNALITÉ ET L'ESTHÉTIQUE DE L'ESPACE, TOUT EN GARDANT LA PROPORTION ET L'ÉQUILIBRE COMME PRIORITÉS.

DIE BAULICHE STRUKTUR EINES GEBÄUDES MUSS MIT DER FUNKTIONALITÄT UND DER ÄSTHETIK DES RAUMES VERBUNDEN SEIN, DABEI VOR ALLEM DIE PROPORTIONEN UND DAS GLEICHGEWICHT BEWAHREND.

WOOD, DECORATION DETAILS AND DAILY USE OBJECTS HELPS CREATE A CASUAL ATMOSPHERE OF REFINEMENT AND GOOD TASTE.

LA MADERA, LOS DETALLES DE LA DECORACIÓN Y OBJETOS DE USO COTIDIANO CONTRIBUYEN A CREAR UN AMBIENTE CASUAL DE REFINAMIENTO Y BUEN GUSTO.

LE BOIS ET LES DÉTAILS DE LA DÉCORATION, AINSI QUE LES OBJETS D'USAGE QUOTIDIEN, CONTRIBUENT À CRÉER UNE AMBIANCE DÉCONTRACTÉE DE RAFFINEMENT ET DE BON GOÛT.

HOLZ, DETAILS IN DER DEKORATION UND ALLTÄGLICHE OBJEKTE, TRAGEN DAZU BEIIK, EIN WIE ZUFÄLLIG VORNEHMES UND VON GUTEM GESCHMACK ZEUGENDES AMBIENTE ZU SCHAFFEN.

Dior

LOST AFRICA
ASSOULINE
PORTRAITS
OF ILLUSIONS
ASSOULINE

THE LIGHT OF TOKYO
JEAN-MICHEL BERTS
ESPACIOS
México
LUXURY OF SPACE
PHOTOGRAPHS BY OBERTO GILI
Traub
Christian Dior
LOST AFRICA
LOST
LOST DIVAS
PLANETS
ESPACIOS

RUSSIAN STYLE
NEW YORK
TRENCH
THE LEATHER BOOK
STUDIO
THE ALLURE OF BEAUTY
FINE WINES
INSECTS
PLANETS

Christian Dior

STREAMLINED FURNITURE WITH CHARACTER MUST BE CHOSEN TO FURNISH AN APARTMENT, WHICH IMPLIES CREATIVITY AND A CLEAR SENSE OF AESTHETICS AND ORDER.

LOS MUEBLES DEL DEPARTAMENTO DEBEN CORRESPONDER A UNA LÍNEA SENCILLA, PERO DE GRAN PERSONALIDAD, LO QUE IMPLICA CREATIVIDAD Y UN SENTIDO CLARO DE LA ESTÉTICA Y EL ORDEN.

LES MEUBLES DE L'APPARTEMENT DOIVENT CORRESPONDRE À UNE LIGNE SIMPLE, QUOIQUE DE FORTE PERSONNALITÉ, CE QUI IMPLIQUE UNE CRÉATIVITÉ ET UN SENS CLAIR DE L'ESTHÉTIQUE ET L'ORDRE.

DIE MÖBEL DES APPARTEMENTS SOLLTEN SCHLICHTEN LINIEN FOLGEN ABER PERSÖNLICHKEIT AUSSTRAHLEN, WAS KREATIVITÄT UND EINEN KLAREN SINN FÜR ÄSTHETIK UND ORDNUNG ERFORDERT

PICASSO
ASSOULINE
THE LIGHT OF
TOKYO
JEAN-MICHEL BERTS
VATICANO 2035
SMART RUNNING

ESPACIOS
INTERIORES mexicanos
INTERIORES mexicanos

WOOD EMBRACES SPACE AND HELPS BRING OUT THE GRAY TONES IN FURNITURE, CARPETS AND CUSHIONS, WHILE PROVIDING A FRAME FOR ARTWORK.

LA MADERA ENVUELVE EL ESPACIO Y HACE RESALTAR LOS TONOS GRISÁCEOS DE MUEBLES, ALFOMBRAS Y COJINES, AL MISMO TIEMPO QUE SIRVE DE MARCO A LAS OBRAS DE ARTE.

LE BOIS ENVELOPPE L'ESPACE ET FAIT RESSORTIR LES TONS GRISÂTRES DES MEUBLES, DES TAPIS ET DES COUSSINS, TOUT EN SERVANT DE CADRE AUX OEUVRES D'ART.

HOLZ UMHÜLLT DEN RAUM UND BETONT DIE GRAUTÖNE DER MÖBEL, TEPPICHE UND KISSEN, WOBEI ES GLEICHZEITIG ALS RAHMEN FÜR KUNSTWERKE DIENT.

BANCO NACIONAL DE MÉXICO

EL BARROCO

BLACK AND GRAY TONES FROM STONE MATERIALS CREATE REFINED AND DISTINGUISHED ATMOSPHERES. THEREFORE, THEY ARE OFTEN USED AS HIGHLY DECORATIVE ELEMENTS IN BATHROOMS AND BEDROOMS.

LOS TONOS NEGROS Y GRISES DE LOS MATERIALES PÉTREOS RECREAN AMBIENTES FINOS Y DISTINGUIDOS. POR ESO ES FRECUENTE SU USO COMO ELEMENTOS ALTAMENTE DECORATIVOS EN BAÑOS Y RECÁMARAS.

LES TONS NOIRS ET GRIS DES MATÉRIAUX DE PIERRE RECRÉENT DES AMBIANCES PLEINES DE FINESSE ET DE DISTINCTION. C'EST POUR CETTE RAISON QU'ON LES UTILISE FRÉQUEMMENT COMME ÉLÉMENTS EXTRÊMEMENT DÉCORATIFS DANS LES SALLES DE BAINS ET LES CHAMBRES.

DIE GRAU- UND SCHWARZSCHATTIERUNGEN DER MATERIALIEN AUS STEIN LASSEN EIN AUSERLESENES UND VORNEHMES AMBIENTE ENTSTEHEN. DESHALB WERDEN SIE SO OFT ALS HOCHDEKORATIVE ELEMENTE IN BÄDERN UND SCHLAFZIMMERN GENUTZT.

innovative

innovador • innovateur • innovativ

MS

TODAY, ARCHITECTURE DICTATES THE APARTMENT'S DESIGN GUIDELINES, SO THAT VOLUMES, JUNCTURES AND TEXTURES ARE INTEGRATED IN THE SAME CONCEPT.

HOY, LA ARQUITECTURA SUELE DICTAR LAS PAUTAS DEL DISEÑO DE UN DEPARTAMENTO, DE MANERA QUE LOS VOLÚMENES, LAS ARTICULACIONES, LAS TEXTURAS, SE INTEGREN EN UN MISMO CONCEPTO.

DE NOS JOURS, L'ARCHITECTURE DICTE SOUVENT LES DIRECTIVES DU DESIGN D'UN APPARTEMENT, DE FAÇON QUE LES VOLUMES, LES ARTICULATIONS, LES TEXTURES, S'INTÈGRENT EN UN MÊME CONCEPT.

HEUTZUTAGE WERDEN DIE RICHTLINIEN FÜR DAS DESIGN EINES APPARTEMENTS DURCH DIE ARCHITEKTUR BESTIMMT, SO DASS DIE RÄUME, DEREN GLIEDERUNG UND DIE TEXTUREN SICH IN EINEM EINHEITLICHEN KONZEPT INTEGRIEREN.

FRESHNESS, FLEXIBILITY AND DYNAMISM ARE THE CHARACTERISTICS OF INNOVATIVE SPACES WHERE THE UNIQUE DESIGN OF THE FURNITURE TAKES CENTER STAGE.

FRESCURA, FLEXIBILIDAD Y DINAMISMO SON LAS CARACTERÍSTICAS DE LOS ESPACIOS INNOVADORES, DONDE EL DISEÑO EXCLUSIVO DE LOS MUEBLES COBRA PROTAGONISMO.

LA FRAÎCHEUR, LA FLEXIBILITÉ ET LE DYNAMISME SONT LES CARACTÉRISTIQUES DES ESPACES INNOVATEURS, OÙ LE DESIGN EXCLUSIF DES MEUBLES DEVIENT LA VEDETTE.

FRISCHE, FLEXIBILITÄT UND DYNAMIK SIND DIE EIGENSCHAFTEN INNOVATIVER RÄUME, IN DENEN DAS EXKLUSIVE DESIGN DER MÖBEL ZUR HAUPTATTRAKTION WIRD

ACCORDING TO THE PERSONALITY AND STYLE OF EACH OF ITS INHABITANTS, EACH SPACE CREATES A CERTAIN ATMOSPHERE.

CADA ESPACIO GENERA UNA ATMÓSFERA DETERMINADA, DE ACUERDO CON LA PERSONALIDAD Y EL ESTILO DE CADA UNO DE SUS HABITANTES.

CHAQUE ESPACE GÉNÈRE UNE CERTAINE AMBIANCE, DÉPENDANT DE LA PERSONNALITÉ ET LE STYLE DE CHACUN DES OCCUPANTS.

JEDER BEREICH SCHAFFT EINE SPEZIELLE ATMOSPHÄRE, IM EINKLANG MIT DER PERSÖNLICHKEIT UND DEM STIL EINES JEDEN SEINER BEWOHNER.

INNOVATIVE CONCEPTS ALLOW COMBINING ELEMENTS AND THE MIXING OF STYLES IN THE FURNITURE DESIGN AND DECOR TO CREATE BEAUTIFUL AND COMFORTABLE SPACES.

LOS CONCEPTOS INNOVADORES PERMITEN CONJUGAR ELEMENTOS, MEZCLAR ESTILOS EN EL DISEÑO DE LOS MUEBLES Y LA DECORACIÓN PARA CREAR ESPACIOS BELLOS Y CONFORTABLES.

LES CONCEPTS INNOVATEURS PERMETTENT DE CONJUGUER DES ÉLÉMENTS, MÉLANGER LES STYLES DANS LE DESIGN DES MEUBLES ET LA DÉCORATION, AFIN DE CRÉER DES ESPACES BEAUX ET CONFORTABLES.

DIE INNOVATIVEN KONZEPTE ERLAUBEN ES ELEMENTE ZUSAMMENZUFÜHREN, VERSCHIEDENE STILE IM DESIGN DER MÖBEL UND DER DEKORATION ZU MISCHEN, UM SCHÖNE UND BEHAGLICHE BEREICHE ZU SCHAFFEN.

Styles
OAXACA
10 x 10
ANDO

Gustav Klim
soulages
VAN GOGH
LA MAISON DE VERRE
ICONS OF PHOTOGRAPHY
1000

CONTEMPORARY DECOR IS HETEROGENEOUS, WHICH ENSURES A MAXIMUM ACHIEVEMENT OF EXPRESSION WITH FEWER ELEMENTS, WHILE OTHERS CAN BE PLEASED WITH A CHEERFUL AND ORDERLY SATURATION.

LA DECORACIÓN CONTEMPORÁNEA ES HETEROGÉNEA, LO CUAL CONSIGUE QUE HAYA ESPACIOS QUE ALCANZAN LA MÁXIMA EXPRESIVIDAD CON EL MÍNIMO DE ELEMENTOS, MIENTRAS OTROS SE COMPLACEN CON UNA SATURACIÓN ALEGRE Y ORDENADA.

LA DÉCORATION CONTEMPORAINE EST HÉTÉROGÈNE, CE QUI CRÉE DES ESPACES AYANT UN MAXIMUM D'EXPRESSIVITÉ AVEC UN MINIMUM D'ÉLÉMENTS, TANDIS QUE D'AUTRES SE COMPLAISENT DANS UNE SATURATION JOYEUSE ET ORDONNÉE.

DIE ZEITGENÖSSISCHE DEKORATION IST MANNIGFALTIG, WAS DAZU FÜHRT, DASS ES RÄUME GIBT, DIE MIT EINEM MINIMUM AN ELEMENTEN EINEN MAXIMALEN AUSDRUCK ERREICHEN, WÄHREND ANDERE SICH AN EINER FRÖHLICHEN UND GEORDNETEN SÄTTIGUNG WEIDEN.

Pioneer

e to
loved.

GLASS WALLS AND TRANSPARENCIES ARE THE KEY FOR THE BEAUTY IN THESE ROOMS, WITH DIFFERENT WOODS AND MIXED STYLES, THEY ACCOMPLISH A CONTEMPORARY AND CASUAL ATMOSPHERE.

LOS MUROS DE CRISTAL Y LA TRANSPARENCIA SON LA CLAVE DEL ATRACTIVO DE ESTAS HABITACIONES QUE CON LAS MADERAS Y LA MEZCLA DE ESTILOS, CONSIGUEN UN AMBIENTE ACTUAL Y DESENFADADO.

LES MURS EN VERRE ET LA TRANSPARENCE SONT LA CLÉ DE L'ATTRAIT DE CES PIÈCES QUI, AVEC LES BOIS ET LES MÉLANGES DE STYLES, ACHÈVENT UNE AMBIANCE ACTUELLE ET DÉSINVOLTE.

KRISTALLWÄNDE UND DIE DURCHSICHT SIND DER SCHLÜSSEL ZUR ATTRAKTION DIESER RÄUME, DIE MIT DEN HÖLZERN UND DER MISCHUNG DER STILE, EIN AKTUELLES UND UNGEZWUNGENES AMBIENTE SCHAFFEN.

TAMAYO

INNOVATIVE DESIGN SOLVES SPACES IN A FREE AND OPEN WAY WHERE BOLD SHAPES, NEW GENERATION MATERIALS AND TEXTURES DEFINE THEIR OWN TRADITION.

LOS DISEÑOS INNOVADORES RESUELVEN LOS ESPACIOS DE UNA MANERA LIBRE Y ABIERTA DONDE LAS FORMAS AUDACES, LOS MATERIALES Y TEXTURAS DE NUEVA GENERACIÓN DELINEAN SU PROPIA TRADICIÓN.

LES DESIGNS INNOVATEURS RÉSOLVENT LES ESPACES D'UNE FAÇON LIBRE ET OUVERTE, OÙ LES FORMES AUDACIEUSES, LES MATÉRIAUX ET LES TEXTURES DE NOUVELLE GÉNÉRATION TRACENT LEUR PROPRE TRADITION.

INNOVATIVES DESIGN LIEFERT FREIE UND OFFENE LÖSUNGEN FÜR RÄUME, IN DENEN KÜHNE FORMEN, MATERIALIEN UND TEXTUREN DER NEUEN GENERATION, IHRE EIGENE TRADITION ENTWERFEN

DIAMOND PEOPLE
Famous Diamonds Ian Balfour

kreon

THE SPACE HAS BEEN ORGANIZED IN DIFFERENT ATMOSPHERES THAT ARE VISUALLY COMMUNICATED AND THESE SOLUTIONS ACCOMPLISH A DECOR OF GREAT ELEGANCE AND FORMAL SIMPLICITY.

EL ESPACIO SE HA ORGANIZADO EN DIFERENTES ATMÓSFERAS QUE SE COMUNICAN VISUALMENTE Y LAS SOLUCIONES EMPLEADAS CONSIGUEN UNOS INTERIORES DE GRAN SOBRIEDAD FORMAL Y ELEGANCIA.

L'ESPACE A ÉTÉ ORGANISÉ EN DIFFÉRENTES AMBIANCES QUI COMMUNIQUENT VISUELLEMENT ET LES SOLUTIONS EMPLOYÉES RÉUSSISSENT DES INTÉRIEURS AYANT UNE GRANDE SOBRIÉTÉ ET ÉLÉGANCE.

DER BEREICH IST IN VERSCHIEDENE AMBIENTE UNTERTEILT, DIE OPTISCH MITEINANDER KOMMUNIZIEREN UND MIT DEN GEFUNDENEN LÖSUNGEN WIRD EIN INNENBEREICH GROSSER FORMELLER NÜCHTERNHEIT UND ELEGANZ GESCHAFFEN.

LIVING ROOMS ARE THE ULTIMATE FAMILY SPACE, WHERE THE BEST MOMENTS ARE SHARED WITH THE COMFORT OF WIDE FURNITURE AND ENDURING DESIGNS.

LAS ESTANCIAS SON EL ESPACIO FAMILIAR POR EXCELENCIA, DONDE SE COMPARTEN LOS MEJORES MOMENTOS EN LA COMODIDAD DE MUEBLES VASTOS Y DISEÑOS PERDURABLES.

LES SALLES DE SÉJOUR CONSTITUENT L'ESPACE FAMILIAL PAR EXCELLENCE, OÙ L'ON PARTAGE LES MEILLEURS MOMENTS DANS LE CONFORT DE MEUBLES SPACIEUX AUX DESIGNS PERDURABLES.

WOHNBEREICHE SIND PERFEKT FÜR DIE FAMILIE, IN DENEN DIE SCHÖNSTEN MOMENTE INMITTEN DER BEQUEMEN GROSSZÜGIGEN MÖBEL UND EINES ZEITLOSEN DESIGNS GETEILT WERDEN.

SPAS

pirelli

DESIGN IS BASED ON THE CORRELATION OF THEIR PURPOSE AND PURSUIT; MATERIALS AND TEXTURES, SPACE AND LIGHT, DECORATIVE DETAILS AND PERSONALITY OF THE OWNERS.

EL DISEÑO SE BASA EN LA RELACIÓN DE LAS FUNCIONES Y LOS RECORRIDOS, LOS MATERIALES Y SUS TEXTURAS, LOS ESPACIOS Y LA LUZ, LOS DETALLES DECORATIVOS Y LA PERSONALIDAD DE LOS DUEÑOS.

LE DESIGN REPOSE SUR LA RELATION ENTRE LES FONCTIONS ET LES PARCOURS, LES MATÉRIAUX ET LEURS TEXTURES, LES ESPACES ET LA LUMIÈRE, LES DÉTAILS DÉCORATIFS ET LA PERSONNALITÉ DES PROPRIÉTAIRES.

DAS DESIGN BASIERT AUF DEM VERHÄLTNIS ZWISCHEN DEN ZUR ERFÜLLENDEN FUNKTIONEN UND DER VERBINDUNG ZWISCHEN DEN BEREICHEN, DEN MATERIALIEN UND SEINER TEXTUR, DEN RÄUMEN UND DEM LICHT, DEN DETAILS IN DER DEKORATION UND DER PERSÖNLICHKEIT DER BESITZER.

lofts

lofts • lofts • lofts

POSSIBLY MAYBE
POSSIBLY MAYBE
POSSIBLY MAYBE

IT IS DESIRABLE THAT THE SPACES ARE CONFIGURED SO THAT THEY PROVIDE MOBILITY, FLEXIBILITY AND A PLEASING APPEARANCE. THIS CAN BE ACHIEVED WITH PANELS, CABINETS AND STRUCTURAL FURNITURE.

ES CONVENIENTE QUE LOS ESPACIOS SE CONFIGUREN DE TAL MANERA QUE OFREZCAN MOVILIDAD, VERSATILIDAD Y UNA APARIENCIA AGRADABLE. ESTO PUEDE LOGRARSE CON LOS PANELES, ARMARIOS Y MUEBLES ESTRUCTURALES.

LES ESPACES DOIVENT SE CONFIGURER DE FAÇON À OFFRIR UNE MOBILITÉ, UNE VERSATILITÉ ET UN ASPECT AGRÉABLE. CECI PEUT S'ACHEVER AU MOYEN DE PANNEAUX, ARMOIRES ET MEUBLES STRUCTURAUX.

DIE BEREICHE SOLLTEN IN EINER WEISE GESTALTET WERDEN, DIE MOBILITÄT, VIELSEITIGKEIT UND EIN ANGENEHMES AUSSEHEN BIETET. DAS KANN MAN MIT PANEELEN, SCHRÄNKEN UND MÖBELN ERREICHEN.

DISTRIBUTION IS DEVELOPED STARTING FROM THE KITCHEN AND THE LIVING ROOM, WHICH CONFORM THE COMMON AREAS.

LA DISTRIBUCIÓN SE DESARROLLA A PARTIR DE LA COCINA Y UNA GRAN ESTANCIA, QUE COMPONEN LAS ÁREAS DE CONVIVENCIA.

LA DISTRIBUTION SE DÉVELOPPE À PARTIR DE LA CUISINE ET UNE GRANDE SALLE DE SÉJOUR, QUI COMPOSENT L'ESPACE DE VIE EN COMMUN.

THE ROOMS ARE VISUALLY CONNECTED, WHILE THE CONSTRUCTION DETAILS HAVE ATTRACTIVE FINISHES AND LIGHTING HELPS CREATE A RELAXED ATMOSPHERE.

LAS ESTANCIAS ESTÁN COMUNICADAS VISUALMENTE, LOS DETALLES CONSTRUCTIVOS GOZAN DE ACABADOS ATRACTIVOS Y LA ILUMINACIÓN AYUDA A CREAR AMBIENTES RELAJADOS.

LES PIÈCES COMMUNIQUENT VISUELLEMENT, LES DÉTAILS DE CONSTRUCTION ONT DES FINISSAGES ATTRAYANTS ET L'ILLUMINATION AIDE À CRÉER DES AMBIANCES DÉCONTRACTÉES.

DIE WOHNBEREICHE SIND OPTISCH MITEINANDER VERBUNDEN, DIE BAULICHEN DETAILS ERFREUEN SICH AN EINER ATTRAKTIVEN VERARBEITUNG UND DIE BELEUCHTUNG TRÄGT DAZU BEI, EIN ENTSPANNTES AMBIENTE ZU SCHAFFEN.

LUXURY HOUSES

Een dag
bij elBulli
Bewonder
de ideeën,
methodes en
creativiteit van
Ferran Adrià

NATURAL LIGHT ENTERING THROUGH A LARGE WINDOW AND FROM THE SKYLIGHTS OF THE ORIGINAL STRUCTURE OF THE BUILDING, THE SAME WAY THE EXPOSED BRICK WALLS AND VAULTED CEILINGS HAVE BEEN PRESERVED.

LA LUZ NATURAL PROVIENE DE UN GRAN VENTANAL Y DE LOS TRAGALUCES QUE YA EXISTÍAN EN EL EDIFICIO, DEL MISMO MODO SE HAN CONSERVADO LOS MUROS DE LADRILLO APARENTE Y LOS TECHOS ABOVEDADOS.

LA LUMIÈRE NATURELLE PROVIENT D'UNE GRANDE BAIE VITRÉE ET DES LUCARNES QUI EXISTAIENT DÉJÀ DANS L'ÉDIFICE ; DE LA MÊME FAÇON, ON A CONSERVÉ LES MURS DE BRIQUE APPARENTE ET LES TOITS VOÛTÉS.

DAS NATÜRLICHE LICHT STAMMT VON EINEM GROSSEN WANDFESTER UND DER OBERLICHTER, DIE VORHANDENE ARCHITEKTUR DES GEBÄUDES NUTZEND, GENAUSO WURDEN DIE BACKSTEINWÄNDE UND DIE GEWÖLBTEN DECKEN BEWAHRT

FOLLOW
CANCELLED
DREAMS
YAMAHA

YAMAHA

CLASSIC ROCK

AHORA, DESCUBRA SUS FORTALEZAS

THIS RICH COMBINATION OF ATMOSPHERES, MATERIALS AND TEXTURES BUILD A FANCY SET BEING NEITHER EXCESSIVE NOR PRETENTIOUS.

EN ESTA RICA COMBINACIÓN DE AMBIENTES, LOS MATERIALES Y LAS TEXTURAS, COMPLEMENTAN UN CONJUNTO QUE SE MUESTRA LUJOSO PERO NO EXCESIVO U OSTENTOSO.

DANS CETTE RICHE COMBINAISON D'AMBIANCES, LES MATÉRIAUX ET LES TEXTURES COMPLÈTENT UN ENSEMBLE QUI PARAÎT LUXUEUX, MAIS NON EXCESSIF OU TAPE-À-L'OEIL.

IN DIESER PRÄCHTIGEN KOMBINATION BILDEN AMBIENTE, MATERIAL UND TEXTUR EINE EINHEIT, DIE LUXURIÖS, ABER NICHT ÜBERTRIEBEN ODER PROTZIG WIRKT.

IN THE DESIGN OF THIS LOFT, THE CONCRETE STRUCTURE CONTAINING THE SPACE REMAINS VISIBLE.

EN EL DISEÑO DE ESTE LOFT PUEDE MANTENERSE VISIBLE LA ESTRUCTURA DE HORMIGÓN QUE CONTIENE AL ESPACIO.

DANS LE DESIGN DE CE LOFT ON PEUT CONSERVER VISIBLE LA STRUCTURE DE BÉTON QUI CONTIENT L'ESPACE.

IN DIESEM LOFT KANN DAS DESIGN DIE DEN RAUM TRAGENDE STRUKTUR, SICHTBAR LASSEN.

Secret Disclosed by
BOMBS DROP ON
Panamarenko
los alamos
WITHOUT FUEL!
GREAT
AMERICAN

CRY
SPILT
MILK

THE FLOOR PLAN IS COMPOSED OF A SINGLE GREAT ROOM, WITH ENABLED SPACES HOSTING FUNTIONAL AREAS SUCH AS A LIVING ROOM, DINING ROOM, BEDROOM, KITCHEN AND BATHROOM.

LA PLANTA SE COMPONE DE UNA SOLA HABITACIÓN, DONDE SE HABILITAN ESPACIOS QUE ALBERGAN LAS FUNCIONES DE UNA CASA, COMO ESTANCIA, COMEDOR, DORMITORIO, COCINA Y BAÑO.

LA DISPOSITION EST FORMÉE PAR UNE SEULE PIÈCE, DANS LAQUELLE ON HABILITE LES ESPACES QUI CONTIENNENT LES FONCTIONS D'UNE MAISON, TELLES QUE LA SALLE DE SÉJOUR, LA CHAMBRE, LA CUISINE ET LA SALLE DE BAIN.

DIE ETAGE BESTEHT AUS EINEM EINZIGEN RAUM, IN DEM ALLE FUNKTIONELLEN BEREICHE EINES HAUSES, WIE WOHNZIMMER, ESSZIMMER, SCHLAFZIMMER, KÜCHE UND BAD, UNTERGEBRACHT SIND.

NAVIDAD

A GLASS CUBE CONTAINS THE WORK AREA, WHILE AN UNDULATING WOODEN SLIDING PANEL BREAKS, WHEN NECESSARY, VISUAL CONTACT WITH OTHER AREAS. WOODS, WHITE AND GRAYS IN PRIVATE SPACES CREATE AN ATMOSPHERE OF LUXURY AND SERENITY.

UN CUBO DE CRISTAL CONTIENE EL ÁREA DE TRABAJO, MIENTRAS UN ONDULANTE PANEL CORREDIZO DE MADERA IRRUMPE, CUANDO ES NECESARIO, LA FLUIDEZ VISUAL HACIE LOS OTROS AMBIENTES. LAS MADERAS, EL BLANCO Y LOS GRISES EN LOS ESPACIOS PRIVADOS CREAN UNA ATMÓSFERA DE LUJO Y SERENIDAD.

UN CUBE EN VERRE CONTIENT L'ESPACE DE TRAVAIL, TANDIS QU'UN PANNEAU COULISSANT ONDULATOIRE EN BOIS INTERROMPT, EN CAS DE BESOIN, LA FLUIDITÉ VISUELLE VERS D'AUTRES AMBIANCES. LES BOIS, LE BLANC ET LES GRIS DES ESPACES PRIVÉS CRÉENT UNE ATMOSPHÈRE DE LUXE ET SÉRÉNITÉ.

EIN KRISTALLWÜRFEL BEHERBERGT DEN ARBEITSBEREICH, WÄHREND EINE GESCHWUNGENE SCHIEBEWAND AUS HOLZ, WENN ES NÖTIG IST, DEN OPTISCHEN FLUSS ZU DEN ANDEREN BEREICHEN UNTERBRICHT. DAS HOLZ, DAS WEISS UND DIE GRAUTÖNE IN DEN PRIVATEN BEREICHEN SCHAFFEN EINE LUXURIÖSE UND BERUHIGENDE ATMOSPHÄRE.

ide

make you strong

Toys for Boys

BECAUSE OF ITS CONCEPT, A LOFT MAKES THE MOST OF THE VISUAL RICHNESS CONTRIBUTED BY THE CONDITIONS OF THE ORIGINAL BUILDING.

POR SU CONCEPTO, EL LOFT GENERALMENTE APROVECHA LAS CUALIDADES Y LA RIQUEZA VISUAL QUE APORTAN LAS CONDICIONES DE LA EDIFICACIÓN ORIGINAL.

PAR SON CONCEPT, LE LOFT UTILISE GÉNÉRALEMENT LES QUALITÉS ET LA RICHESSE VISUELLE QU'APPORTENT LES CONDITIONS DE LA CONSTRUCTION D'ORIGINE.

IM KONZEPT DES LOFT WERDEN GENERELL DIE EIGENSCHAFTEN UND DER OPTISCHE REICHTUM, DIE DAS GEBÄUDE IM ORIGINALZUSTAND BIETEN, GENUTZT

credits

créditos • crédit • kredit

2-3 GA Grupo Arquitectura, Daniel Álvarez F. **5** Studioroca **8** Elena Talavera **28-29** Matthai Arquitectos, Diego Matthai **44-45** Central de Arquitectura, José Sánchez • Moisés Ison **52-53** Central de Arquitectura, José Sánchez • Moisés Ison **64 to 67** GA Grupo Arquitectura, Daniel Álvarez F. **70 to 77** Lara+Lara Arquitectos, Víctor Lara M. • Leonardo Lara E. **80 to 83** Central de Arquitectura, José Sánchez • Moisés Ison **86-87** Arquitectura en Movimiento Workshop **88 to 93** Pascal Arquitectos, Carlos Pascal • Gerard Pascal **96 to 101** Central de Arquitectura, José Sánchez • Moisés Ison **104-105** Central de Arquitectura, José Sánchez • Moisés Ison • Alejandro Mendlovic **116 to 121** Colección Interiorismo, Claudia Grajales **124 to 127** Colección Interiorismo, Claudia Grajales **128-129** Elena Talavera **134-135** Covilha, Blanca González • Maribel González • Mely González **144 to 151** GA Grupo Arquitectura, Daniel Álvarez F. **154-155** Design Primario **176-177** Kababie Arquitectos **186 to 191** EXTRACTO Arte, Arquitectura y Diseño, Vanessa Patiño • Robert Duarte **202-203** Kababie Arquitectos **206 to 213** JHG, Jorge Hernández de la Garza **228 to 235** Studioroca **238 to 241** Kababie Arquitectos **242 to 247** Central de Arquitectura, José Sánchez • Moisés Ison • Alejandro Mendlovic **250 to 255** A-001 Taller de Arquitectura, Eduardo Gorozpe F. **256 to 261** Design Primario **290 to 297** Studioroca **300 to 305** Central de Arquitectura, José Sánchez • Moisés Ison **310-311** Archetonic, Jacobo Micha **312** Central de Arquitectura, José Sánchez • Moisés Ison **322-323** Elena Talavera **330 to 333** Axel Duhart Arquitectos, Axel Duhart / ADP **334-335** Elena Talavera **336-337** Axel Duhart Arquitectos, Axel Duhart / ADP **340 to 343** Axel Duhart Arquitectos, Axel Duhart / ADP

photographers

fotógrafos • photographes • fotografen

ADP	330 to 333, 336-337, 340 to 343
Allen Vallejo	176-177, 202-203, 238 to 241
Ana Melo	290 to 297
© Beta-Plus Publishing	14 to 19, 22 to 25, 30-31, 34 to 37, 40 to 43, 48 to 51, 56 to 61, 84-85, 106 to 113, 132-133, 138 to 143, 156 to 159, 162 to 169, 172 to 175, 178-179, 182 to 185, 194 to 201, 214-215, 218 to 225, 262 to 265, 268 to 271, 274 to 279, 282 to 287, 306-307, 313 to 319, 324 to 327
Cecilia del Olmo	8, 128-129, 322-323, 334-335
Felipe Luna	5, 228 to 235
Héctor Velasco Facio	116 to 121, 124 to 127, 134-135, 186 to 191
Jorge Hernández de la Garza	2-3, 144 to 151
José María Gaona	290 to 297
Laura Cohen	28-29
Ligne Roset México	154-155, 256 to 261
Luis Gordoa	44-45, 52-53, 80 to 83, 96 to 101, 104-105, 242 to 247, 300 to 305, 310 to 312
Pablo Fernández del Valle	70 to 77
Paul Czitrom	64 to 67, 206 to 213
Rafael Gamo	86-87
Santiago Arnau	250 to 255
Sófocles Hernández	88 to 93

Editado en Marzo de 2012. Impreso en China.
El cuidado de edición estuvo a cargo de AM Editores S.A. de C.V.
Edited in March 2012. Printed in China.
Published by AM Editores S.A. de C.V.